AF230383

NOUVEAU SISTEME
DE MUSIQUE.
OU
NOUVELLE DIVISION
U MONOCORDE,

DANS LAQUELLE ON DONNE

es Raisons de tous les Intervalles de Musique
par Rapport à l'Accord du Clavecin
ordinaire.

Avec la Description & l'usage
du SONOMETRE.

nstrument à Corde d'une nouvelle Invention,
avec lequel toute personne, pour peu qu'elle
ait d'oreille, pourra tres-bien & tres-facile-
ment accorder le Clavecin.

Par M. LOULIE'.

A PARIS,

at CHRISTOPHE BALLARD, seul Imprimeur du Roy
pour la Musique, ruë Saint Jean de Beauvais,
au Mont-Parnasse.

M. DC. XCVIII.
AVEC PRIVILEGE DE SA MAJESTE'.

OUVEAU SISTEME
DE MUSIQUE,
OU
NOUVELLE DIVISION
DU MONOCORDE.

Ce que c'est que Sisteme de Musique.

ISTEME de Musique, est l'étenduë de l'O-
ctave divisée en plusieurs intervalles. Comme
cette étenduë peut être divisée de plusieurs
manieres, il y a aussi plusieurs Sistemes ; Les
anciens nous en ont laissé trois ; Sçavoir,

Le Sisteme Diatonique.

Le Sisteme Chromatique.

Le Sisteme Enharmonique.

Le Sisteme Diatonique comprend les sons naturels,
par lesquels l'étenduë de l'Octave est divisée en sept intervalles, sçavoir en cinq Tons & en deux Demi-Tons.

Le Sisteme Chromatique comprend les sons naturels
alterez, par lesquels l'étenduë de l'Octave est divisée en
onze Demi-Tons.

A ij

Le Siſtème Enharmonique comprend les ſons nature
& les ſons alterez, & encore d'autres ſons que les M
ſiciens appellent *Plaintes*, par leſquelles *Plaint*, l
Demi Tons ſont diviſez en de plus petits intervalles.

Les Anciens nous auſſi laiſſé les Rapports des Sons
ces Siſtemes, tels qu'ils les ont trouvez par les Diviſio
ordinaires du Monocorde.

Le Siſteme Diatonique des Anciens eſt propre po
le Plain-Chant, & pour les Airs où toutes les voix cha
tent la meſme choſe, c'eſt à dire pour les Airs à une ſeu
Partie; Il eſt tres-bon auſſi pour l'harmonie qui ſe fait p
les differentes Parties de la Trompette, & par les Bou
dons de Vielles & de Muſettes, de Tympanon de Pſ
terion, & pour les Jeux que les Facteurs d'Orgue app
lent Jeux de fournitures.

Le Siſteme Enharmonique eſt tres-propre pour le P
thetique, & il eſt en uſage dans la Muſique Italienne qu'
appelle Sicilienne.

Le Siſteme Diatonique pur n'eſt pas ſi propre p
la Muſique à pluſieurs Parties differentes parce qu'il
trop ſimple, ny l'Enharmonique parce qu'il eſt trop co
poſé.

Le Siſteme Chromatique eſt le plus propre pour
Muſique à pluſieurs Parties differentes; mais on ne ſç
roit s'en ſervir en gardant exactement le Rapport des
ciens: Il eſt aiſé de s'en convaincre par l'Accord du C
vecin ou de l'Orgue; car il eſt impoſſible d'accorder
cun de ces Inſtruments à moins qu'on ne baiſſe certa
Sons, & qu'on n'en éleve d'autres de quelque choſe
plus que dans le Siſteme des Anciens, ce qui en cha
le Rapport & conſtituë un nouveau Siſteme Crom
que.

C'eſt de ce nouveau Siſteme Cromatique don

étens parler, & marquer quelle metode j'ay tenuë
our découvrir les Rapports des Sons qui en divisent l'é-
nduë en ses plus petits intervalles. On l'appelle Siste-
e Temperé, parce que certains intervalles sont affoi-
lis & d'autres augmentez ; On l'appelle aussi Sisteme
louveau pour le distinguer de l'ancien. On peut l'ap-
eller Sisteme Harmonique, parce que c'est le seul dont
n puisse se servir dans la Musique où il entre toute
rte d'Harmonie.

Quoy que le Monocorde soit un Instrument assez
onnu des personnes qui ont quelque teinture de la Theo-
ie de la Musique, je ne laisseray pas d'en donner icy la
Description en faveur de ceux qui pourroient ne le pas
nnoître, & ce d'autant plus volontiers que j'y ay ajoû-
plusieurs choses qui en rendent les Experiences & plus
ures & plus aisées.

Description du Monocorde.

LE Monocorde eſt un Inſtrument propre à faire de
Experiences ſur les ſons ; Il eſt fait à peu prés com
me une Epinette ou une caiſſe carrée, excepté qu'il e
bien plus étroit. Le mien eſt long de trois pieds di
pouces, large de quatre pouces, haut de trois pouces
on peut luy donner telle autre dimenſion qu'on veu
Il eſt couvert d'une Table de Sapin, le fond & les cô
tez ſont auſſi de Sapin.

A l'un des bouts eſt une pointe de fer enfoncée da
l'épaiſſeur du bord.

A quatre pouces ſix lignes de ce même bout eſt u
Chevallet d'un pouce de long collé ſur la Table.

A un pouce ſix lignes de l'autre bout eſt encore u
autre Chevallet d'un pouce de long collé ſur la Table.

On attache une corde de Leton à la pointe de fer, o
la bande ſur les deux Chevallets tant & ſi peu que l'o
veut par le moyen de la Cheville de fer au tour de la
quelle elle eſt entortillée ; La corde a trois pieds quatr
pouces de longueur.

On peut mettre tant de cordes qu'on veut en augmen
tant le nombre des pointes & des chevilles & en tenan
les Chevallets plus longs, & en donnant même plus d
largeur au Monocorde.

Les deux Chevallets ont douze lignes de haut, & fait
comme des triangles rectangles, & poſez à angles droit
en dedans.

Dans le corps de l'Inſtrument à quatre pouces du Che
vallet de la pointe de fer, eſt pratiquée une Touche ave
ſon Sautereau pour faire ſonner la corde ; Si l'on mé

lusieurs cordes il faut mettre aussi plusieurs Touchés &
lusieurs Sautereaux à proportion.

Au dessous de la corde est une regle de Poirier ou d'un
utre bois bien uni, longue d'un pied 11. pouces, épaisse
le six lignes, & large de deux pouces six lignes, collée
ur la Table, au pied du Chevallet de la cheville de fer.

Le long du milieu de cette Regle, qui répond précisément sous la corde, est creusée une rainure à queuë
d'Ironde, de deux lignes de profondeur, large de 9. lignes, dans laquelle rainure entre juste & aisément une
petite coulisse de 12. lignes de long, sur laquelle est collée une petite Regle longue de deux pouces six lignes,
large de 12. lignes, épaisse de 4. lignes, en sorte qu'elle
couvre entierement la petite coulisse, & que ses deux
bouts battent sur les deux côtez de la grande Regle &
soient à fleur de ses bords.

Le long de la petite Regle precisément dans le milieu,
est encore creusé une rainure à queuë d'Ironde, de $1\frac{1}{2}$.
ligne de profondeur, large de 3. lignes, dans laquelle
rainure entre juste une petite coulisse de 4. lignes de long
sur laquelle est collé un petit chevallet de 2. lignes de
haut, fait en sorte que le coupant soit à plomb du bord
de la petite Regle qui regarde le Sautereau.

La grande Regle ayant 6. lignes d'épaisseur, la petite
Regle 4, le petit Chevallet 2. lignes de haut, font 12. lignes, qui est precisément la hauteur des grands Chevallets fixes ; de maniere que ce petit Chevallet qu'on
appelle Mobile est au dessous & à fleur de la corde, laquelle peut être divisée à quel point l'on veut en coulant
la petite Regle sur les bords de la grande rainure, sur
chacun desquels bords est tracée une ou plusieurs lignes
parallelles à la rainure, pour y pouvoir marquer toutes

A iiij

les diviſions qu'on veut faire; on les appelle à cauſe de cela Lignes de Diviſion.

Quand on veut tirer le ſon de la corde entiere on re-tire le petit Chevallet de deſſous la corde, & quand on veut la diviſer on remet le petit Chevallet ſous la cor-de, & on arrete la petite Regle à l'endroit où l'on veut faire la diviſion.

On a un plomb d'une demie livre ou environ, fait comme la lettre minuſcule n dont les deux jam-bes ont beaucoup d'aſſiette afin qu'il ſoit aiſé à placer, il faut qu'il ſoit fait de maniere que quand il eſt poſé il preſſe la corde contre le coupant du petit Chevallet ſans la trop forcer, ſeulement pour l'empécher de friſer & pour la faire mieux ſonner.

On poſe ce plomb ſur la corde tout prés du coupant du petit Chevallet mobile du coſté dont on ne tire point de ſon, & c'eſt ce qu'on appelle retrancher une partie de la corde. Par exemple, ſi j'arréte le Chevallet mobile pré-ciſément au milieu de la corde, elle ſera diviſée en deux parties égalles, & ſi je poſe le plomb d'un côté, cette moitié de la corde dont je ne tire point de ſon ſera re-tranchée de la corde entiere.

Nouvelle Diviſion du Monocorde.

APrés avoir preparé le Monocorde, & apres avoir tendu une corde deſſus, en ſorte que j'en enten-de diſtinctement le ſon, & que je le puiſſe exprimer nettement avec le ſon le plus bas de ma voix; je porte ma voix de ce ſon le plus bas à des ſons plus hauts, ſelon la maniere dont j'ay coûtume de la hauſſer, ſoit que cet-te maniere m'ait eſté enſeignée par la Nature, ſoit que e l'aye receuë d' quelqu'autre.

Je donne au premier Son que je forme le nom d'UT, & aux autres, les autres noms receus des Muficiens felon l'ordre fuivant,

Premier Son. 2ᵉ 3ᵉ 4ᵉ 5ᵉ 6ᵉ 7ᵉ 8ᵉ
UT. RE'. MI. FA. SOL. LA. SI. ut.

Je donne donc le nom d'UT au Son de la corde entiere.

J'ay foin, à chaque Son que je forme avec ma voix, de chercher avec le Chevallet mobile, l'endroit de la corde, où il faut l'arrefter pour en tirer un Son à l'uniffon de ma voix, & je marque cet endroit par une fection que je fais fur les Lignes de Divifion. Je continuë ainfi jufqu'au Son le plus haut de ma voix, j'examine en fuite fi j'ay bien marqué, & je cherche quelle raifon ont les Sons qu'a formez ma voix les uns à l'égard des autres, de la maniére fuivante.

Je divife la corde entiere en deux parties égalles; je retranche une de ces parties avec le Chevallet mobile, je trouve que le Son de la moitié de la corde eft precifément Ut huitiéme fon de ma voix; je juge par là que le premier Son UT eft à l'égard du huitiéme ce qu'un tout eft à l'égard de fa moitié, c'eft à dire en Raifon de 2. à 1.

Je divife la corde entiere en trois parties égalles; je retranche une de ces parties; je trouve que le fon des deux tiers eft Sol, cinquiéme fon de ma voix: Je juge que le premier Son UT & SOL cinquiéme, font en Raifon de 3. à 2.

Je divife la corde entiere en quatre parties égalles, & je retranche une de ces parties; le Son des trois quarts eft FA, quatriéme Son de ma voix; ainfi UT & FA font en Raifon de 4. à 3.

Je divise la corde entiere en cinq parties égalles ; je retranche une de ces parties ; le Son des quatre cinquiémes eſt preciſément MI, troiſiéme ſon de ma voix : ainſi UT & MI ſont en Raiſon de 5. à 4.

Je diviſe la corde entiere en ſix parties égalles, je retranche une des parties ; mais le Son des cinq ſixiémes ne ſe trouve point au nombre de ceux qu'a formez ma voix ; Je cherche la raiſon de ce défaut, & pour cela j'examine le Rapport des Sons que j'ay trouvez par les Diviſions cy-deſſus ; je trouve que le troiſiéme Son Mi, eſt au cinquiéme SOL en Raiſon de 6. à 5. je juge par là que cet intervalle peut être bon, mais qu'il y a maniere de le placer.

Voicy les Intervalles ou Rapports des Sons que j'ay trouvez par les Diviſions cy-deſſus. J'ay pris les nombres ſuivans pour éviter les fractions. Ainſi il faut ſuppoſer que la Corde entiere ait ſoixante Parties.

Premier Son. UT 60. Corde entiere.

3ᵉ Son. MI 48. . . . . $\frac{4}{5}$

4ᵉ Son. FA 45. . . . . $\frac{3}{4}$

5ᵉ Son. SOL 40. . . . . $\frac{2}{3}$

8ᵉ Son. ut 30. . . . . $\frac{1}{2}$

Je continuë mes Obſervations, & je trouve que du FA à ut, c'eſt le même nombre de Sons & le même Rapport que d'UT à SOL. Car il y a trois Sons entre FA & ut, ſçavoir SOL, FA, SI ; Il y a pareillement trois Sons entre UT & SOL, ſçavoir RE', MI, FA, & la Raiſon de FA 45. à ut 30. eſt de 3. à 2. Pareillement la Raion d'UT 60. à SOL 40. eſt de 3. à 2. je juge que l'Intervalle FA ut peut être diviſé de la meſme maniere que l'Intervalle UT SOL, lequel ſe trouve diviſé par le Son MI en deux plus petits Intervalles, ſçavoir en UT MI & MI SOL, dont les Raiſons ſont 5. à 4. & de 6. à 5. Je diviſe donc l'Intervalle FA 45. à ut 30. en 5. à 4. & 6. à 5. ce qui ſe fait en multipliant 45. par 4. ou 30. par 6, ce qui eſt la meſme choſe, & diviſant le produit par 5. j'ay le ſiſiéme Son LA 36. qui joint avec les autres fait les ſix Sons ſuivans.

UT.	MI.	FA.	SOL.	LA.	ut.
6.	48.	45.	40.	36.	30.

En continuant mes Obſervations, je trouve que du 1er Son UT au 4e Son FA, c'eſt le même Rapport & le même nombre de Sons que du SOL à ut; Car il y a deux Sons entre UT & FA, ſçavoir RE' MI; Pareillement entre SOL & ut il y a deux Sons, ſçavoir LA & SI. De plus le 1er Son UT 60. eſt à FA 45. en Raiſon de 4. à 3. Pareillement SOL 40. eſt à ut 30. en Raiſon de 4. à 3. je juge que l'Intervalle SOL ut peut être diviſé de la même maniere que l'Intervalle UT FA. Or l'Intervalle UT FA ſe trouve diviſé par le Son MI en deux plus petits Intervalles, ſçavoir en UT MI, & MI FA dont les Raiſons ſont de 5. à 4. & 16. à 15. Je diviſe donc l'Intervalle SOL 40. à ut 30. en 5. à 4. & 16. à 15. ce qui ſe fait comme cy-deſſus en multipliant 40. par 4. & diviſant le produit par 5. j'ay les ſept Sons ſuivans.

UT	MI.	FA.	SOL.	LA.	SI.	ut.
60.	48.	45.	40.	36.	32.	30.

Je remarque enfin que l'Intervalle de SOL à Si eſt en meſme Raiſon que l'Intervallé d'UT à MI; Or l'In-

tervalle de SOL à Si est divisé par le Son LA en SOL
LA & LA SI ; dont les Raisons sont de 10. à 9. & 9. à 8.
Je divise donc l'Intervalle UT 60. à MI 48. en 10. à 9.
& 9. à 8. ce qui se fait en multipliant 60. par 9. & divi-
sant le produit par 10. j'ay les huit Sons suivans à qui les
Musiciens, comme j'ay dit, ont donné les noms d'Ut,
Ré, Mi, Fa, Sol, La, Si, ut.

Ces huit Sons ainsi disposez est ce que l'on appelle Sisteme Diatonique, on les appelle Sons naturels ; & le
Rapport de l'un à l'autre, Intervalle naturel. J'ay con-
tinué ces Sons jusqu'au 17e parce que j'en auray besoin.

60. 54. 48. 45. 40. 36. 32. 30. 27. 24.
UT. RE'. MI. FA. SOL. LA. SI. ut. ré. mi.

22. $\frac{1}{3}$ 20. 18. 16. 15. 13 $\frac{1}{2}$ 12.
fa. sol. la. si. ut. ré. mi.

Les Sons qui sont au dessus du 8e se trouvent en
divisant la moitié de la corde comme j'ay divisé la corde entiere.

L'Intervalle d'un de ces Sons à celui qui le suit imme-
diatement s'appelle Seconde, comme UT RE, MI FA.

L'Intervalle d'un de ces Sons à un troisiéme s'appelle Tierce, comme UT MI, RE' FA. Ainsi des autres,
qui se nomment Quarte, Quinte, Sixte, Septiéme, Octave, Neuviéme, &c. selon que les deux Sons sont plus
éloignez l'un de l'autre.

En examinant les Raisons de tous ces Intervalles je
trouve que toutes les Secondes ne sont pas dans les mesmes Raisons, ny les Tierces ; ny enfin tous les autres Intervalles de mesme genre, & qu'il n'y a que les Octaves
qui soient toûjours de 2. à 1.

RAISONS ou RAPPORTS
des Intervalles du Sisteme Diatonique
des Anciens.

Les Secondes. MI FA , SI ut.   sont en Raison. 16 à 15
Les Secondes. UT RE', SOL LA.   10 à 9
Les Secondes. RE' MI, FA SOL , LA SI.   9 à 8

Les Tierces.   RE' FA, MI SOL , LA ut.   6 à 5
Les Tierces.   UT MI, FA LA , SOL SI.   5 à 4
La Tierce.   SI ré.   32 à 27

Les Quartes. UT FA, MI LA, SOL ut, LA ré, SI mi. 4 à 3
La Quarte.   RE' SOL.   27 à 20
La Quarte.   FA SI.   45 à 32

Les Quintes.   UT SOL, RE LA, MI SI, FA ut
               LA mi.   3 à 2
La Quinte.   SOL ré.   40 à 27
La Quinte.   SI fa.   64 à 45

Les Sextes.   UT LA, SOL mi, FA ré.   5 à 3
Les Sextes.   MI ut , LA fa, SI sol.   8 à 5
La Sexte.   RE' SI.   27 à 16

Les Septiémes. FA mi, UT SI.   15 à 8
Les Septiémes. RE' ut; LA sol.   9 à 5
Les Septiémes. MI ré, SOL fa, SI la.   16 à 9

Toutes les Octaves.   2 à 1

Les Secondes qui font en Raifon de 16. à 15. s'appellent Secondes Mineures, ou Demi-Tons.

Les autres Secondes s'appellent Secondes Majeures ou Tons.

Les Tierces où entre le Demi-Ton, s'appellent Tierces Mineures, les autres Majeures.

Les Sextes & les Septiémes où entre les deux Demi-Tons, s'appellent Mineures; Celles où il n'en entre qu'un s'appellent Majeures.

Les Quartes & Quintes où entre un Demi-Ton, s'appellent Bonnes.

La Quarte où il n'entre aucun Demi-Ton, s'appelle Quarte fauffe, ou Quarte majeure, ou Triton, FA SI.

La Quinte où entrent les deux Demi-Tons, s'appelle Quinte Mineure ou fauffe Quinte, SI, fa.

J'examine en fuite les Sons que j'ay trouvez par les diferentes manieres de divifer la Corde & les Sons qu'a formez ma voix, & j'en compare les Intervalles des uns aux autres.

Je trouve que les Octaves qu'a formées ma voix, auffi bien que celles que j'ay trouvées par les Divifions font toutes de 2. à 1. Les quinziémes par confequent doivent être en raifon de 4. à 1.

Je trouve auffi que les Tierces Majeures de ma voix & des Divifions font toutes en Raifon de 5. à 4. Les Dixiémes Majeures par confequent de 5. à 2. & les Dix-feptiémes Majeures en raifon de 5. à 1.

J'examine les autres Intervalles, j'y trouve une diference confiderable; mais fans m'arréter à plufieurs dont les Sons ne font pas en mefme Raifon, je viens à la Quinte SOL ré qui eft de 40. à 27; mon oreille la trouve tres-mauvaife & ne peut s'en accommoder.

J'examine avec le Monocorde, les Quintes UT SOL,

& SOL ré qu'à formées ma voix, elles me paroiſſent égalles ; je juge qu'il y a un deffaut dans le Siſteme des Sons que j'ay trouvez par la Diviſion, & que je ne dois point admettre de Quinte en Raiſon de 40. à 27. puis que ma voix ne la forme en aucun endroit, & que mon oreille ne la ſçauroit ſouffrir.

J'eſſaye donc à mettre la Quinte SOL ré & toutes les autres, en Raiſon de 3. à 2. & pour cela j'éleve le ré 27. de l'Intervalle 81. à 80. qui eſt ce qui manque à la Quinte SOL ré pour être en Raiſon de 3. à 2. j'éleve encore le mi 12. afin que les Quintes UT SOL, SOL ré, ré la, la mi, ſoient toutes en Raiſon de 3. à 2. j'éleve le MI 54. parce qu'il doit être avec le mi 12. en Raiſon de 4. à 1.

Mais la Tierce Majeure UT MI que j'ay trouvée & par ma voix & par les Diviſions devoir être juſtement de 5. à 4. n'eſt plus dans cette raiſon ; elle ſe trouve être plus grande de 81. à 80. ma voix a de la peine à la former, & mon oreille la trouve tres-mauvaiſe.

Je remarque que cer excés de 81. à 80. s'eſt formé par l'addition des quatre Quintes UT SOL, SOL ré, ré la, la mi, que j'avois miſes toutes de 3. à 2. & qu'ainſi elles ſont chacune trop grandes du quart de 81. à 80. j'ôte donc de chaque Quinte cy-deſſus de 3. à 2. un quart de 81. à 80 ; ces méſmes quatre Quintes ainſi diminuées ajoûtées enſemble, doivent former un Intervalle juſte de 5. à 1. c'eſt à dire la Dix-ſeptiéme Majeure, UT mi.

Je ſuppoſe donc que toutes les Quintes ſont en Raiſon de 3. à 2. moins le quart de 81. à 80· & voicy comme je m'y prens.

Je conçois le petit Intervalle 81. à 80. comme ſe pouvant diviſer en quatre autre plus petits Intervalles, dont chacun eſt préciſément le quart de 81. à 80.

L'Intervalle de 81 à 80. se divise en deux en doublant les deux Termes & prenant le milieu arithmetique.

162.   161.   160.

Les deux Intervalles 162. 161. & 161. 160. se divisent chacun en deux en doublant pareillement les Termes & prenant les milieus Arithmetiques, & forment les quatre autres petits Intervalles suivans.

324.   323.   322.   321.   320

Voicy donc tous les Sons naturels déterminez selon le Sistéme Diatonique temperé.

Je marque le quart de 81. à 80. en fraction ainsi $\frac{1}{4}$ ou un quart, le plus par une petite croix, ou ainsi pl. le moins par un petit trait ——, ou ainsi mo.

La Table suivante est composée de cinq colomnes, & chaque colomne contient huit cellules disposées les unes au dessus des autres.

La premiere colomne contient les noms des Sons UT RE', &c.

La 2. colomne contient les nombres qui représentent les Sons du Sistéme Diatonique ancien.

La 3. colomne contient les mesmes nombres, avec le temperemment par plus & par moins.

Dans quelques cellules de la quatriéme colomne sont écrits ces mots, *Ancien*, , *Temperé*.

Dans quelques cellules de la cinquiéme colomne, sont trois nombres, Celuy à costé duquel est écrit *Ancien*, est le nombre ancien ; celuy à costé duquel est écrit *Temperé* est le nombre temperé ; le troisiéme est éloigné de l'ancien de 81. à 80.

Cette explication servira pour l'intelligence de deux autres Tables qui sont aprés, ainsi je ne les expliquerai pas.

TABLE

ABLE DES SONS NATURELS
OU
SISTEME DIATONIQUE.

	Ancien.	Temperé. Par plus. Et par moins.		Par nombres.
ut	30	30		10800.
SI	32	$32 \frac{1}{4}$ de 81. à 80.	Ancien. Temperé.	11520. 11556. 11664.
LA	36	$36 - \frac{1}{4}$	Temperé. Ancien.	12800. 12920. 12960.
SOL	40	$40 \frac{1}{4}$	Ancien. Temperé.	14400. 14445. 14580.
FA	45	$45 - \frac{1}{4}$	Temperé. Ancien.	16000. 16150. 16200.
MI	48	48		17280.
RE'	54	$54 - \frac{2}{4}$	Temperé. Ancien.	19200. 19320. 19440.
UT	60	60		21600.

NOUVEAU SISTEME

Dans le Sisteme Temperé cy-deſſus, il ne faut pas re
trancher une ſi grande portion de la Corde entiere 60
pour avoir le Son SOL, que dans le Sisteme Ancien
Ainſi la Portion de la Corde dont on tire le Son SO
eſt 40. plus le quart de 81. à 80.

Mais le Son UT & le Son SOL eſtant moins éloi
gnez du quart de 81. à 80. ils ſont en raiſon de 60. à 40
c'eſt à dire en Raiſon de 3. à 2. —— $\frac{1}{4}$ de 81. à 80. Ainſi de
ſautres.

Dans ce Sisteme Temperé, tous les Intervalles de mê
me eſpece ſont en meſme Raiſon; par exemple toutes le
Tierces majeures ſont de 5. à 4. toutes les Quintes bo
nes ſont en raiſon de 3. à 2. -- $\frac{1}{4}$.

RAISONS DES INTERVALLES DU SISTEM
Diatonique Temperé cy-deſſus.

Les Secondes Min.	16 à 15 $\pm\frac{1}{4}$	
Les Secondes Maj.	10 à 9 $\pm\frac{2}{4}$	ou 9 à 8 —
Les Tierces Min.	6 à 5 — $\frac{1}{4}$	ou 32 à 27 $\pm$
Les Tierces Maj.	5 à 4	
Les Quartes bonnes,	4 à 3 $\pm\frac{1}{4}$	ou 27 à 20 —
La Quarte Maj.	45 à 32 — $\frac{2}{4}$	
La Quinte Min.	64 à 45 $\pm\frac{2}{4}$	
La Quinte bonne.	3 à 2 — $\frac{1}{4}$	ou 40 à 27 $\pm$
La Sexte Mineure.	8 à 5	
La Sexte Majeure,	5 à 3 $\pm\frac{1}{4}$	ou 27 à 16 —
La Septiéme Min.	9 à 5 — $\frac{2}{4}$	ou 16 à 9 $\pm$
La Septiéme Maj.	15 à 8 — $\frac{1}{4}$	
L'Octave.	2 à 1	

Aprés avoir déterminé les Sons Naturels , & aprés en
voir marqué les Raisons ou Rapports , je divise le Monocorde selon ces mesmes Raisons de la maniere suivante.

METHODE

*Pour trouver sur le Monocorde , les Sons du Sisteme
Diatonique Temperé cy-dessus.*

Soit la corde A B 60. sonnant UT   UT

La moitié C B 30. sonne ut Octave d'UT,   ut

Les ⁴⁄₅ D B sonnent MI.   MI

Je retranche ¹⁄₁₀ d'A B par la section E.

e retranche ¹⁄₉ d'A B par la section F,

e retranche d'E B ¹⁄₂ de E F par G.

'ay la corde G B 54. — ²⁄₄ de 81. à 80. sonnant   RE⁵

Je retranche ¹⁄₄ de E B par H.

e retranche ¹⁄₄ d'F B par J.

e retranche d'H B les ³⁄₄ d'H J par K.

'ay K B 40. + ¹⁄₄ sonnant SOL.   SOL

Je retranche ¹⁄₃ d'E B par L.

e retranche ¹⁄₃ d'F B par M.

e retranche d'L B , ¹⁄₄ de L M par N.

'ay N B 36 — ¹⁄₄ sonnant LA.   LA

J'adjoûte ¹⁄₄ à N B par O.

'ay O B 45 — ¹⁄₄ sonnant FA.   FA

Je retranche ¹⁄₅ de K B par P.

'ay P B 32. + ¹⁄₄ sonnant SI.   SI

Je prens le milieu de G B par Q.

'ay Q B 27. — ²⁄₄ sonnant ré.   ré

                                                          B ij

Je remarque que la Division cy-deſſus n'eſt pas Geo
metrique, & que tous les Intervalles de meſme eſpece n
ſont plus preciſément dans les meſmes Raiſons ; pa
exemple que le Ton UT RE' eſt de 10. à 9. plus 162. à 161
& que le Ton RE' MI eſt de 9. à 8. moins 161. à 160
& qu ainſi celuy-cy eſt plus grand que l'autre de 25921
à 25920.

Je remarque auſſi que cette difference, quoy que tre
petite, peut eſtre ſenſible dans les Sons qui doivent êtr
à l'Uniſſon, ou à l'Octave l'un de l'autre ; car l'oreille l'
deſſus eſt d'une préciſion qui paſſe l'imagination, & qu'
ſe peut faire auſſi que cette difference ne ſoit pas ſenſ
ble dans les Intervalles , comme d'une Seconde à u
Seconde ; pour m'en aſſurer je ſonne tous les Sons l
uns aprés les autres, quelque application que j'apport
je ne ſçaurois ſentir, de deux Intervalles de meſme e
pece de cette Diviſion , qu'on peut appeller Geometr
que, lequel eſt le plus fort & lequel eſt le plus foibl
Ainſi je les ſuppoſe parfaitement égaux, comme ſi la D
viſion eſtoit Geometrique.

Aprés avoir diviſé le Monocorde ſelon les Raiſons c
deſſus, je cherche à comparer chaque Son à chacun d
autres, en les combinant en autant de manieres qu'il
poſſible, afin d'en connoître & d'en ſentir tous les Ra
ports, & pour cet effet j'accorde quinze cordes ſur
Clavecin.

La premiere à l'uniſſon de l'UT 60.

La ſeconde à l'Uniſſon de RE' 54. — $\frac{2}{4}$

La troiſiéme, &c.

La 15e à l'Uniſſon de l'ut 15.

En ſuite je ſonne l'Ut & le RE' enſemble, l'UT
MI, l'UT & le FA, ainſi juſqu'à l'Octave d'UT.

Je sonne le RE' & le MI enfemble, le RE' & le
FA, &c. ainfi juqu'à l'Octave de RE, j'en fais aurant fur
toutes les cordes : Volcy ce qui me paroît de toutes ces
combinaifons.

Je trouve que la 2e mineure, la 2e majeure, la 4e maj.
la 5e min. la 7e min. la 7e maj. font des-agreables à mon
oreille, les unes plus, les autres moins.

Je trouve que la 3e min. la 3e maj. la 4. la 5 la 6e min.
la 6e maj. & l'Octave, font agreables, les unes plus, les
autres moins.

Mais afin d'étre plus feur fi ce qui paroît à mon oreille fur les cordes vient de la chofe, ou de l'habitude où
on m'a élevé de trouver de certains mélanges de Sons
greables, & d'en trouver d'autres mauvais, j'accorde
quinze tuyaux de Flûtes ou de Bourdon à l'Uniffon de
ces quinze cordes, chacun à la fienne ; je compare le
fon de ces tuyaux de deux en deux comme j'ay fait les
cordes.

Je remarque que les mélanges de deux Sons que
j'ay trouvez des-agreables fur les cordes le font encore
plus fur les tuyaux, & que les uns font fentir des batte-
mens ou fecouffes fi rudes que mon oreille en eft blef-
fée, d'autres moins rudes.

Je remarque que les mélanges de deux Sons que j'ay
trouvez agreables fur les cordes, le font encore plus fur les
tuyaux, particulierement l'Octave & la Tierce majeure ;
que la Quinte & la Quartefont fentir un battement lent
prefque imperceptible qui ne déplaît pas à l'oreille.
Ce battement vient du quart de 81. à 80. que j'ay ofté
de la Quinte & que j'ay adjoûté à la Quarte.

En fuite je fonne enfemble les tuyaux dont le mélange des Sons me paroît agreable, je trouve que,

Le Mélange d'UT MI SOL ut, est tres-agreable.

Le Mélange d'UT FA LA ut, est agreable.

Le Mélange de RE' FA LA ré, est fort agreable.

Le Mélange de RE' SOL SI ré, est agreable.

En continuant cette expérience, je trouve que FA n'a point de Quarte bonne, parce que le SI est trop haut ; j'adjoûte un tuyau avec qui le FA au deſſous ſonne la Quarte en Raiſon de 4. à 3. pl. $\frac{1}{4}$, ce qui ſe fait ſur le Monocorde en adjoûtant un quart à la corde ré Q B 27. mo. $\frac{2}{4}$ j'ay

Le Mélange FA SI baiſſé, ré fa agreable.

Je trouve pareillement que le SI n'a point de bonne Quinte, parce que le fa eſt trop bas, j'adjoûte un tuyau avec qui le SI au deſſous ſonne la Quinte en Raiſon de 3. à 2. mo. $\frac{1}{4}$ ce qui ſe fait ſur le Monocorde en retranchant de ré Q B, j'ay

Le Mélange SI ré fa hauſſé, ſi, agreable.

J'examine avec ma voix ces Sons adjoûtez, ma voix paſſe aiſément du fa naturel au fa hauſſé, & de celuy-c au ſol, & mon oreille trouve ces tranſitions agreables.

J'examine pareillement le SI baiſſé, ma voix, & mon oreille les approuvent fort.

J'examine en ſuite ces deux Sons adjoûtez par rap port aux Sons naturels, je trouve que le SI baiſſé parta ge le Ton LA SI en deux plus petits Intervalles, & j trouve que le Fa hauſſé partage le Ton FA SOL pareille ment en deux plus petits Intervalles.

Cela me fait juger que les autres Tons UT RE'. R MI, & SOL LA, qui ſont tous dans la meſme Raiſo que ces deux premiers, peuvent être auſſi diviſez de l meſme manière.

J'ay remarqué en cherchant les raisons des Intervalles naturels, que la Quarte UT FA est divisée précisément de la mesme maniere que la Quarte SOL ut, cela me fait penser que le changement qui arrive dans un des Sons de l'une de ces Quartes peut arriver aussi dans le Son de l'autre Quarte qui y répond.

Or je viens de trouver que le FA quatriéme Son de la Quarte UT FA, peut estre haussé, par consequent ut quatriéme Son de la Quarte SOL ut le peut estre aussi : Et puisque le Son UT premier Son de la Quarte UT FA peut estre haussé, SOL premier Son de la Quarte SOL ut le peut estre aussi.

Par le mesme raisonnement ; puisque le SI troisiéme Son de la Quarte SOL ut peut estre baissé, MI troisiéme Son de la Quarte UT FA le peut estre aussi.

J'ay donc cinq Sons nouveaux; sçavoir FA haussé, UT haussé, & SOL haussé, SI baissé & MI baissé, par le moyen desquels chaque Ton est divisé en 2. petits Intervalles, dont je ne sçay pas encor les Raisons.

Les Sons Haussez s'appellent Diésez, & se marquent par ce caractere X qu'on appelle Diése. Les Sons Baissez s'appellent Bemolisez, & se marquent par ce caractere ♭ qu'on appelle Bemol.

La Quinte SI fa haussé est en raison de 3 à 2 moins un quart, & la Quinte mineure SI fa naturel, est en Raison de 64 à 45 plus deux quarts, laquelle raison ostée de la premiere, reste 135 à 128 mo. trois quarts, ou 25 à 24 pl. un quart, qui est l'Intervalle de fa naturel à fa haussé.

Voicy comment; 135 à 128 mo. trois quarts, est égal à 25 24 pl. un qu.j'ajoûte à 135 128 mo. trois qu. la Raison 81 à 80. J'ay 135 128 plus un qu. égal à 135 128 mo. trois quarts pl. 81 à 80 : J'oste de 135 128 pl. un qu. La Raison 81 à 80. par la Multiplication en croix, j'ay 10800. 10368.

pl. un qu. égal à 135. 128. mo. trois qu. ou par reduction à moindres termes.

      25. 24. pl. un qu. égal à 135. 128. mo. trois qu.

J'oste 25. 24. pl. un qu. du Ton 10 à 9. pl. deux qu. reste 16. à 15. pl. un qu. qui est la Raison du fa haussé au sol naturel, & la mesme Raison du Demi-Ton naturel.

On peut faire le même raisonnement & le même calcul à l'égard des autres Tons.

On appelle Demi-Ton mineur, le plus petit de ces deux Intervalles; l'autre, comme il a esté dit, s'appelle Demi-Ton majeur.

SISTEME CHROMATIQUE
Temperé.

ut 450.
SI 480. pl. un quart de 81. à 80.
SI ♯ 500. pl. deux qu.
LA 540. moins un qu.
SOL ♯ 576.
SOL 600. pl. un qu.
FA ♯ 648. mo. deux qu.
FA 675. mo. un qu.
MI 720.
MI ♯ 750. pl. un qu.
RE' 810. mo. deux qu.
UT ♯ 864. mo. un qu.
UT 900.

Si l'on veut avoir le nombre de chaque Son avec so Temperamment, en nombres entiers, il faut multiplie le nombre Ancien par 864.

Si le Temperamment est par plus. divisez le produi par 80. divisez le quotient par le Dénominateur du Tem peramment, multipliez ce deuxiéme quotient par le Numerateur, adjoûtez le produit de cette seconde multiplication au produit de la premiere, la somme des deux produits est le nombre temperé.

Si le Temperamment est par moins, divisez le produit par 81. divisez le quotient par le Dénominateur du Temperamment, multipliez ce deuxiéme quotient par le Numerateur, oftez le produit de cette deuxiéme multiplication du produit de la premiere, le reste est le nombre temperé.

J'ay donné cy-devant les Raisons ou Rapports des Intervalles du Sifteme Diatonique Temperé, avec la maniere de le trouver sur le Monocorde : voicy les

Raisons des Intervalles Diminuez & Superflus du Sifteme Chromatique Temperé cy-deſſus.

Intervalles Diminuez, font ceux qui ont un Demi-Ton min. moins que les Intervalles mineurs de mefme efpece.

Intervalles Superflus, font ceux qui ont un Demi-Ton mineur plus que les Intervalles majeurs de méme efpece.

Demi-Ton min. 25. à 24. pl. un quart de 81. à 80.
Seconde Superfl. 75. à 64. moins un qu.
Tierce Dimin. 256. à 225. pl. deux qu.
Tierce Superf. 125. à 96. pl. un qu.
Quarte Dimin. 32. à 25.
Quinte Superf. 25. à 16.
Sexte Dimin. 192. à 125. mo. un qu.
Sexte Superf. 225. à 128. mo. deux qu.
Sept Dimin. 128. à 75. pl. un qu.
Octave Dim. 48. à 25. mo. un qu.
Octave Sup. 25. à 12. pl. un qu.

Methode pour trouver sur le Monocorde les Sons Alterez du Sisteme Chromatique Temperé cy-dessus.

J'ajoûte un quart à ré QB. par R.

J'ay RB. sonnant SI Bemol.

Je retranche un cinquiéme de RE'. GB. par S.

J'ay SB. sonnant FA Diéze.

Je retranche un cinquiéme de LA. NB. par T.

Je double TB. par V.

J'ay VB. sonnant UT. Diéze.

Je retranche un cinquiéme de MI. DB. par X.

J'ay XB. sonnant SOL. Diéze.

J'ajoûte un quart à SOL. KB. par Y.

J'ay YB. sonnant MI Bemol.

Aprés avoir determiné les Raisons de tous les Intervalles du Sisteme Chromatique Temperé cy-dessus, & aprés avoir donné la methode de les trouver sur le Monocorde, j'accorde un Clavecin ordinaire selon ces mêmes Raisons, en commençant par ce qu'on appelle *faire la Partition du Clavier*, & pour m'assûrer si toutes les Raisons selon lesquelles j'ay accordé le Clavecin ordinaire sont agréables à mon oreille, je forme toutes sortes d'Harmonies ; je trouve que le Clavecin est d'accord, & que la Partition est tres-bonne.

Ie vais plus loin, je forme ces mêmes Harmonies sur ce qu'on appelle Modes Transposez, je remarque que le SI, le FA diézé, & plusieurs autres n'ont point de Tierces majeures, & que le FA, le SI Bemolizé, & plusieurs autres n'ont point de Tierces mineures.

Le remede seroit d'ajoûter au Clavecin autant de cordes qu'il y a de Sons qui n'ont point de Tierces majeures, ou de Tierces mineures; mais outre que ces cordes ajoûtées qu'on appelle *Feintes coupées*, font embarraſſantes, & empêchent de bien toucher, je m'éloignerois du but que je meſuis propoſé, qui eſt de trouver les Raiſons des Intervalles du Clavecin ordinaire, qui n'a que douze Sons differents dans l'étenduë d'une Octave.

Je ſçay que dans les Modes Tranſpoſez par Bemol, on ſe ſert du SOL diézé pour la Tierce mineure de FA, mais le SOL diézé de mon Clavecin, qui dans les Modes Naturels eſt Seconde Superfluë de FA, me paroît de beaucoup trop bas dans les Modes Tranſpoſez par Bemol, lors qu'il eſt employé comme Tierce mineure du meſme FA.

Je ſçay auſſi que dans les Modes Tranſpoſez par Dieze, on ſe ſert ſur les Clavecins ordinaires de mi Bemolizé pour la Tierce majeure de SI; mais le mi Bemolizé de mon Clavecin, qui dans les Modes Naturels eſt la Quarte Diminuée de SI, me paroît de beaucoup trop haut dans les Modes Tranſpoſez par Diéze, lorſqu'il eſt employé comme Tierce majeure du même SI.

J'éxamine la Raiſon de la Seconde Superfluë, FA SOL diézé, je trouve qu'elle eſt temperé par moins, j'eſſaye à la temperer par plus, c'eſt à dire, à éloigner le SOL diézé du FA, afin qu'il ſoit plus ſuportable lorſqu'il ſera employé comme Tierce mineure du meſme FA.

J'examine pareillement la Raiſon de la Quarte Diminuée, SI mi Bemol, je trouve qu'elle n'eſt point temperée, j'eſſaye à la temperer par moins, c'eſt à dire, à approcher le mi Bemol du SI, afin qu'il ſoit plus ſuportable lorſqu'il ſera employé comme Tierce majeure du meſme SI.

Aprés avoir tenté pluſieurs temperamments, je me détermine à celuy qui ſuit, par ce qu'il eſt tel, que les Intervalles des Modes Tranſpoſez eſtant ſupportables, les Intervalles des autres Modes ſont éloignez le moins qu'il eſt poſſible de leur juſteſſe naturelle, ce qui le rend meilleur & plus en uſage qu'aucun autre.

SISTEME CHROMATIQUE
Temperé par rapport aux Modes Naturels & aux Modes Tranſpoſez.

ut 450.

SI 480.

SI ♭ 500. pl. trois cinquiéme de 81. à 80.

LA 540. mo. deux cinq.

SOL ✗ 576. mo. deux cinq.

SOL 600. pl. un cinq.

FA ✗ 648. mo. quatre cinq.

FA 675. mo. un cinq.

MI 720. mo. un cinq.

MI ♭ 750. pl. deux cinq.

RE' 810. mo. trois cinq.

UT ✗ 864. mo. trois cinq.

UT 900.

Il est aisé de trouver les Raisons des Intervalles de ce Sisteme Temperé par rapport aux Modes Naturels & aux Modes Transposez. Et la Methode que j'ay donnée cy-devant pour trouver les Sons Naturels & Alterez du premier Sisteme Chromatique, peut servir pour trouver les Sons de ce 2. Sisteme, c'est pourquoy je n'en parleray pas.

J'accorde le Clavecin selon les Raisons de ce 2. Sisteme temperé, je trouve que c'est précisément la Partition du Clavecin ordinaire, & qu'elle est excellente pour les Modes Naturels & pour les Modes Transposez ce que je m'estois proposé de trouver.

J'ay fixé les Divisions cy-dessus sur le Monocorde, & en y ajoûtant ce qu'on verra cy-aprés dans la Description que j'en donne, j'en ai fait un Instrument nouveau que j'appelle Sonometre, dont on peut voir l'utilité & la necessité dans ce qui suit.

Utilité & necessité du SONOMETRE.

DE tous les Instrumens à Cordes; le Clavecin est le plus difficile à accorder, tant à cause qu'il a plus de cordes qu'aucun autre, que parce qu'il faut temperer la pluspart de ses Accords, en élevant de certains Sons, & en baissant d'autres de quelque chose plus que leur justesse naturelle, ce qu'on appelle faire la Partition du Clavier, laquelle est si difficile, que les plus habiles Musiciens, ceux mêmes qui joüent de cet Instrument ne sçauroient la bien faire qu'aprés en avoir acquis l'habitude par une pratique de plusieurs années ; outre une bizarrerie qui vient quelquefois du lieu, quelquefois de l'Instrument, quelquefois même de la disposition où se trouvent en certains momens ceux qui accordent, laquelle empêche le plus souvent ceux qui ont le plus d'habitude de trouver aisément ce temperamment.

Le Sonometre leve toutes ces difficultez, & presentement toute personne qui n'auroit jamais accordé de Clavecin, pourvû qu'elle ait assez d'oreille pour mettre une corde à l'Unisson & à l'Octave d'une autre, pourra du premier coup avec cet Instrument, accorder le Clavecin, aussi juste, plus facilement & en moins de temps que ceux qui l'accordent par la maniere ordinaire.

Ce n'est que sur l'approbation de plusieurs personnes tres-habiles, qui l'ont examiné, & qui en ont fait l'experience que je le donne au Public sous le bon plaisir de Sa Majesté, qui a eu la bonté de me donner la Permission & le Privilege de le débiter à l'exclusion de tous autres

Cet Instrument sera tres-utile à tout le monde, même à ceux qui sçavent bien accorder, car ils seront leurs d'accorder toûjours de la mesme maniere, plus juste, plus viste & sans tâtonner ; Il est absoluëment necessaire à ceux qui ne sçavent pas accorder, & particulierement pour les personnes qui sont à la Campagne, ou dans des Maisons Religieuses.

Description du SONOMETRE.

LE Sonometre est une espece de Monocorde, c'est à dire un Instrument à une seule corde, fait & disposé pour accorder plus facilement le Clavecin.

Il est long de 3. pieds 10. pouces. large de 4. pouces, couvert d'une Table de sapin.

Le fond & les costez sont de quel bois l'on veut, mais ordinairement de Sapin.

A l'un des bouts est une pointe de fer enfoncée dans

l'épaiſſeur du bord; à quatre pouces 6. lignes de ce même bout eſt un chevalet collé ſur la Table.

A un pouce ſix lignes de l'autre bout eſt encor un chevalet collé ſur la Table; à 9. lignes du bord de ce bout eſt
une cheville de fer enfoncée dans un ſommier qui eſt ſous
la Table.

On attache une corde de laton à la pointe de fer, on la
bande ſur les deux chevalets tant & ſi peu que l'on veut
par le moyen de la cheville de fer, au tour de laquelle elle
eſt entortillée.

Les deux chevalets ſont faits comme deux triangles
rectangles, & poſez à angles droits en dedans, longs d'un
pouce chacun, haut de 7. lignes & 4. lignes d'aſſiette.

La corde d'un chevalet à l'autre a 3. pieds 4. pouces de
longueur, qui eſt la meſure ordinaire de C ſol ut du Clavecin à l'Octave au deſſous de la Clef de C.

Dans le corps de l'Inſtrument à 4. pouces du chevalet
de la pointe de fer, eſt pratiquée une touche avec ſon ſau-
tereau pour faire ſonner la corde; la touche eſt percée
d'un petit trou pour y paſſer un fil.

Au deſſous de la corde eſt une regle de poirier ou autre bois bien uni, longue d'un pied onze pouces, épaiſſe
de 5. lignes & large de 2. pouces, collée ſur la Table au
pied du chevalet de la cheville de fer; deſſus cette regle en
travers ſont creuſées douze raînures à queuë d'Ironde,
large de 6. lignes, & de 2. lignes de profondeur; chaque
raînure a ſa couliſſe qui entre aiſément & avec juſteſſe dans
ſa rainure; chaque couliſſe eſt longue de 2. pouces 4. lignes; ſur chaque couliſſe eſt collé un petit chevalet de 2.
lignes de haut, dont le coupant a 4. lignes de large & eſt
préciſément à fleur de la corde.

On a un plomb d'une demi-livre peſant ou environ,
fait de maniere, que quand il eſt poſé il preſſe la corde

contre le coupant du petit chevalet sans la forcer , seulement pour l'empêcher de friser, & pour la mieux faire sonner.

Ces douze coulisses sont situées de maniere que la corde peut estre divisée en douze differents endroits, tels qu'il faut pour former les douze Sons differents du Clavecin, suivant les Raisons de nostre nouveau Sisteme Temperé, & cela successivement, en avançant tour à tour les coulisses sous la corde, & en les retirant selon le Son qu'on veut former, en mettant un plomb sur la corde pour l'empêcher de friser.

Le Sonometre tel que je viens de le décrire est le meilleur pour accorder le Clavecin, à cause que les Sons n'étant ny trop haut ny trop bas, l'oreille en sent plus aisément les moindres differences, mais d'un autre costé il est moins portatif & plus embarrassant à cause de sa grandeur. J'en ay fait faire à cause de cela un plus petit. Je vais presentement donner l'usage du grand, c'est à dire, la maniere de s'en servir, je donneray ensuite la description du petit, & son usage.

Usage du grand SONOMETRE, & maniere de s'en servir.

AYez un tuyau qui sonne C sol ut ; accordez la corde à vuide du grand Sonometre au Ton de C sol ut.

Placez le grand Sonometre sur les bords du Clavecin, en forte qu'il couvre les chevilles, excepté celles du grand Clavier.

Prenez de la main gauche le fil qui est attaché à la touche du Sonometre.

Prenez de la main droite le marteau à accorder, sonnez

de la main gauche, le C fol ut du grand Clavier à l'Octave au deſſous de la Clef d'F, & l'accordez à l'Uniſſon de la corde à vuide du Sonometre.

Avancez la couliſſe Ut ✕ ſous la corde, mettez le plomb, onnez Ut ✕ du Clavecin, & l'accordez à l'Uniſſon de l'Ut ✕ du Sonometre.

Avancez la couliſſe Ré, mettez le plomb, ſonnez Ré du Clavecin, & l'accordez à l'Uniſſon du Ré du Sonometre.

Avancez la couliſſe Mi ♭, &c. ainſi de ſuite, juſqu'à l'Octave du premier ut que vous accorderez.

Examinez ſi vous avez bien accordé, & c'eſt ce que j'appelle faire la preuve, & pour cela retirez la derniere couliſſe ut, & mettez le plomb derriere la couliſſe Si, ſonnez le Si du Clavecin & du Sonometre, s'ils ſont d'accord laiſſez-les, ſinon ajuſtez.

Retirez la couliſſe Si, mettez le plomb derriere la couliſſe Si ♭, ajuſtez s'il le faut, ainſi de ſuite en retrogradant juſqu'à l'Ut à vuide.

Accordez le bas du Clavier, & le mettez à l'Octave au deſſous des Sons que vous avez accordez; accordez le haut à l'Octave au deſſus.

Cela ſupoſe, comme il eſt aiſé de voir que la perſonne qui accorde ait aſſez d'oreile pour mettre une corde à l'Uniſſon & à l'Octave d'une autre, car avec rien, on ne peut rien faire.

Dimenſion du petit SONOMETRE.

LE petit Sonometre n'eſt different du grand qu'en ce qu'il eſt beaucoup plus petit, & que ſa corde à vuide ſonne G ré ſol à la Quarte au deſſous de la Clef de C ſol ut.

C

Il eſt long de 2. pieds deux pouces.

Large de trois pouces.

Haut d'un pouce 8. lignes.

Les grands chevalets fixes ont 7. lignes de haut, lon d'un pouce, & large par le bas de ſix lignes.

Le chevalet du coſté de la pointe eſt collé à un pouce d bord, & la cheville eſt enfoncée dans l'épaiſſeur du bord.

La corde d'un chevalet à l'autre à un pied 10. pouces 6. lignes, qui eſt la meſure ordinaire de G ré ſol ut du Clavier, d'une Quarte au deſſous de la Clef de C.

La Touche & le Sautereau ſont à deux pouces du chevalet de la pointe de fer.

La Regle à raînure eſt longue d'un pied 1. pouce, épaiſſe de 5. lignes, larges de 2. pouces.

Le reſte eſt comme dans le grand Sonometre, ſelon les dimenſions qui luy conviennent.

Uſage du petit SONOMETRE, & maniere de s'en ſervir.

AYez un tuyau qui ſonne G ré ſol.

Accordez la corde à vuide du petit Sonometre au Ton de G ré ſol.

Placez le petit Sonometre ſur le petit Clavier du Clavecin ou ſur la Barre du Clavier.

Prenez de la main gauche le fil qui eſt attaché à la touche du Sonometre.

Prenez de la main droite le marteau à accorder.

Sonnez de la main gauche le G. ré ſol du grand Clavier à la quarte au deſſous de la Clef de C. & l'accordez à l'Uniſſon de la corde à vuide du petit Sonometre.

Avancez la coulisse Sol ♯, sous la corde, mettez le plomb, sonnez sol ♯ du Clavecin & l'accordez à l'Unisson du Sol ♯ du Sonometre.

Avancez la coulisse La, mettez le plomb, sonnez le La du Clavecin, & l'accordez à l'Unisson du La du Sonometre.

Avancez la coulisse, Si ♭, &c. ainsi de suite jusqu'à l'Octave du premier Sol, que vous accorderez.

Examinez si vous avez bien accordé, c'est à dire, faire la preuve.

Retirez la derniere coulisse Sol, & mettez le plomb derriere la coulisse du fa ♯, sonnez le fa ♯ du Clavecin & du Sonometre, s'ils sont d'accord laissez-les, sinon ajustez.

Retirez la coulisse fa ♯, mettez le plomb derriere la coulisse fa , &c.

Accordez le bas & le haut du Clavier.

Autre maniere plus courte d'accorder avec le grand SONOMETRE.

ACcordez le C sol ut du Clavecin à l'Unisson de l'Ut du Sonometre.

Accordez le Ré,

Accordez le Mi,

Accordez le Fa ♯,

Accordez le Sol ♯.

Accordez le Si ♭,

Accordez, les Octaves d'en haut d'Ut, Ré, Mi, Fa ♯, Sol ♯ Si ♭.

Accordez l'Octave en bas de Si ♭ ; faites la preuve en retrogradant.

C ij

Accordez d'oreille le Sol, & faites que la neuviéme UT, ré soit partagée par le Sol en deux Quintes égalles.

Accordez d'oreille le La, & faites qua la neuviéme Ré, mi soit partagée par le La en deux Quintes égalles.

Accordez d'oreille le Si, & faites que la neuviéme Mi, fa soit partagée par le Si en deux Quintes égalles.

Accordez d'oreille le Fa, & faites que la neuviéme Si ♭, ut soit partagée par le Fa en deux Quintes égalles.

Accordez d'oreille le Mi ♯.

Autre maniere plus courte d'accorder avec le petit SONOMETRE.

ACcordez le Gré sol du Clavecin à l'unisson du petit Sonometre.

Accordez le La.

Accordez le Si.

Accordez l'ut ♯.

Accordez le mi ♭.

Accordez le fa.

Accordez le sol ♯.

Accordez les Octaves au dessous de Sol, de La, de Si, d'ut ♯, demi ♭, de fa, de sol ♯.

Accordez d'oreille le ré, & faites que la neuviéme Sol la, soit partagée par le ré en deux Quintes égalles.

Accordez d'oreille le mi, & faites que la neuviéme La si, soit partagée par le mi en deux Quintes égalles.

Accordez d'oreille le fa ♯, & faites que la neuviéme Si ut ♯ soit partagée par le fa ♯ en deux Quintes egalles.

Accordez d'oreille, le si ♭ & faites que la neuviéme mi ♭ fa soit partagée par le si ♭ en deux Quintes égalles.

Accordez d'oreille l'ut, & faites que la neuvi éme fa sol, soit partagée par l'ut en deux Quintes égalles.

FIN.